48 Recettes de Repas pour l'élimination de l'acné:

La voie rapide et naturelle pour résoudre les problèmes d'acné en 10 jours ou moins!

Par

Joe Correa CSN

DROITS D'AUTEUR

© 2016 Live Stronger Faster Inc.

Tous droits réservés

La reproduction ou la traduction de toute partie de ce travail au-delà de ce qui est permis par l'article 107 ou 108 de la Loi de 1976 sur le droit d'auteur des États-Unis, sans l'autorisation du propriétaire du droit d'auteur est illégale.

Cette publication est conçue pour fournir des informations précises et fait autorité en ce qui concerne la matière couverte. Elle est vendue avec la compréhension que ni l'auteur ni l'éditeur ne se sont engagés à donner un avis médical. Si des conseils ou une assistance médicale est nécessaire, consulter un médecin. Ce livre est considéré comme un guide et ne doit pas être utilisé en aucune façon préjudiciable à votre santé. Consultez un médecin avant de commencer ce plan nutritionnel pour vous assurer qu'il est bon pour vous.

REMERCIEMENTS

Ce livre est dédié à mes amis et à ma famille qui ont eu des maladies bénignes ou graves pour qu'ils puissent y trouver une solution et faire les changements nécessaires dans leur vie.

48 Recettes de Repas pour l'élimination de l'acné:

La voie rapide et naturelle pour résoudre les problèmes d'acné en 10 jours ou moins!

Par

Joe Correa CSN

CONTENU

Droits d'auteur

Remerciements

A propos de l'auteur

Introduction

48 Recettes de Repas pour l'élimination de l'acné : La voie rapide et naturelle de correction des problèmes d'acné en 10 jours ou moins!

Autres Titres Par le même Auteur

A PROPOS DE L'AUTEUR

Après des années de recherche, je crois sincèrement en les effets positifs que la bonne nutrition peut avoir sur le corps et l'esprit. Ma connaissance et mon expérience m'ont aidé à vivre en meilleure santé tout au long des années, et j'ai voulu partager ceci avec la famille et les amis. Plus vous en savez au sujet de comment vous nourrir et boire plus sainement, et le plus tôt vous aurez envie de changer votre vie et vos habitudes alimentaires.

La nutrition est un élément clé dans le processus d'être en bonne santé et de vivre plus longtemps, alors n'attendez pas et commencez des aujourd'hui. La première étape est la plus significative et la plus importante.

INTRODUCTION

48 Recettes de Repas pour l'élimination de l'acné : La voie rapide et naturelle de correction des problèmes d'acné en 10 jours ou moins!

Par Joe Correa CSN

Ces recettes vous aideront à avoir un système immunitaire plus fort grâce à une variété de vitamines et de nutriments. Environ 20 pour cent de toutes les personnes souffrent d'acné pendant 20 et 30 ans, et la cause peut être quelque chose comme le stress, les fluctuations hormonales, la nutrition, et bien plus encore.

Il n'y a pas de tâche trop difficile en ce qui concerne la nourriture. Il y a un certain nombre d'aliments bien connus pour leur propriété de nettoyage de la peau qui, si elles sont ajoutées à votre alimentation quotidienne, au fil du temps, vous aideront à améliorer la qualité de votre peau et à réduire de manière significative l'acné. Avec ces recettes, assurez-vous que vous faites beaucoup d'exercice, que vous respirez de l'air frais, et que vous donnez de bons soins à votre peau.

Des études ont révélé que le fait de passer d'un régime alimentaire américain typique (avec du pain blanc et des céréales hautement transformées au petit déjeuner) à un régime alimentaire plus sain de grains entiers, viandes maigres, fruits et légumes peut réduire l'acné de manière significative.

Afin de réduire l'acné, il est important d'éviter plusieurs types d'aliments, comme la restauration rapide, la malbouffe et les aliments à indice glycémique élevé.

48 RECETTES DE REPAS POUR L'ELIMINATION DE L'ACNE : LA VOIE RAPIDE ET NATURELLE POUR RESOUDRE LES PROBLEMES D'ACNE EN 10 JOURS OU MOINS!

1. Hydro Melon

Description:

Une si grande combinaison de saveurs! Ceci est certainement un must. La chaleur et le sel font vraiment ressortir la douceur de la pastèque et sa haute teneur en eau. La pastèque hydrate également votre corps, ce qui entraîne une peau radieuse.

Ingrédients:

- 1/4 cuillère à café de cumin moulu
- 1/4 cuillère à café de coriandre moulue
- 1/4 cuillère à café de poudre de chili
- 1/4 cuillère à café de sel
- 1/8 cuillère à café de poivre de Cayenne
- 2 tasses en cubes de pastèque épépinée

Préparation :

- Mélanger le cumin, la coriandre, la poudre de chili, le sel et le poivre de Cayenne dans un bol.

- Placer la pastèque dans des bols; saupoudrer avec le mélange d'épices. Presser le jus de citron vert dessus

Faits Nutritionnels:

Calories: 51 kcal, Lipides: 0,4 g, Glucides: 12,8 g, Protéines: 1,1 g, Sodium: 296 mg

2. Mix de Pastèque

Description:

La pastèque est riche en vitamine A, B6 et C, ce qui maintient votre peau fraîche, douce et hydratée. Elle contient environ 92 pour cent d'eau, et l'eau est très importante pour la peau. Elle contient une grande quantité de lycopène. Certaines études montrent que le lycopène protège votre peau contre les coups de soleil et les ravages que peut causer le soleil a votre peau. Ceci est une salade d'été délicieuse et les ingrédients vont très bien ensemble.

Ingrédients:

- 1/2 grande pastèque sans pépins refroidie et coupée en cubes de 1 po.
- 1 petit oignon rouge, tranché
- 1 tasse de feuilles de basilic frais tranchée finement
- 1 tasse de coriandre fraîche haché
- 1/2 tasse de feuilles de menthe fraîche hachées
- Jus de 2 citrons verts
- 1 paquet de feta émietté (4 onces)
- 3 cuillères à soupe d'huile d'olive
- 2 cuillères à soupe de vinaigre balsamique, ou plus selon le goût
- Sel et poivre noir moulu au goût

Préparation :

- Mélanger délicatement la pastèque, l'oignon, le basilic, la coriandre, la menthe, le jus de lime, le fromage feta, l'huile d'olive, le vinaigre balsamique, le sel et le poivre noir dans un grand bol.

Faits Nutritionnels:

Calories: 177kcal, Fat: 8g, Glucides: 31.1g, Protein: 4g, sodium: 112 mg

3. Sticks d'asperges grillées

Description:

La particularité de cette recette est qu'elle est si simple et facile à préparer. Elle contient de haute quantité de vitamine C et de nombreux nutriments qui nourrissent la peau tout en empêchant la sécheresse, le psoriasis, et les imperfections. Ceci est également un nettoyant puissant pour détoxifier le foie et guérir l'acné.

Ingrédients:

- 1 livre pointes d'asperges fraîches, parées
- 1 cuillère à soupe d'huile d'olive
- Sel et poivre au goût

Préparation:

- Préchauffer le gril sur un feu haut.
- Enduire légèrement les pointes d'asperges à l'huile d'olive. Assaisonnez avec du sel et du poivre selon votre goût.
- Faire griller à feu vif pendant 2 à 3 minutes, ou à la tendresse désirée.

Faits Nutritionnels:

Calories: 53kcal, Lipides: 3.5g, Glucides: 4.4g, Protéines: 2.5g, Sodium: 2mg

4. Graines à noix

Description:

Les noix du Brésil sont riches en sélénium, un antioxydant puissant qui semble aider à améliorer l'acné en protégeant les cellules contre les dommages inflammatoires et en préservant l'élasticité de la peau.

Ingrédients:

- 2 cuillères à soupe de graines de sésame
- 55g (1/3 tasse) graines de tournesol
- 60g (1/3 tasse) de pepitas (graines de citrouille)
- 160g (1 tasse) de noix du Brésil
- 2 cuillères à soupe de miel
- 1 1/2 cuillères à café de cumin moulu
- Grande pincée de piment

Préparation:

- Combinez les graines et les amandes dans une poêle et mélanger à feu moyen pendant 3-4 minutes ou jusqu'à ce qu'elles soient légèrement grillées.
- Ajouter le miel, le cumin et le piment et cuire, tout en tournant, pendant 1 minute. Laisser refroidir.

Faits Nutritionnels:

Calories: 327 kcal, Fat: 26g, Glucides: 11g, Protéines: 11g, Sodium: 6.22mg

5. Brocoli au citron

Description:

Le brocoli est chargé de composés et de nutriments qui sont particulièrement bons pour faire disparaitre l'acné. Un plat pour les amoureux de brocoli avec un goût aigre-doux!

Ingrédients:

- 1 tête de brocoli frais, coupé en fleurettes
- 1 cuillère à soupe d'huile d'olive
- 2 cuillères à soupe de jus de citron
- 1 cuillère à café de zeste de citron
- 1/4 tasse d'amandes blanchies et effilées

Préparation:

- Cuire à la vapeur ou faire bouillir le brocoli jusqu'à tendreté, environ 4 à 8 minutes. Drainer.
- Dans une petite casserole, faire fondre l'huile d'olive à feu moyen-doux. Retirer du feu. Incorporer le jus de citron, le zeste de citron, et les amandes. Verser sur le brocoli chaud, et servir.

Faits Nutritionnels:

Calories: 170 kcals, Lipides: 15,2 g, Glucides: 7 g Protéines: 3,7 g, Sodium: 107 mg Cholestérol: 31 mg

6. Radis Mex

Description:

Le radis est une excellente source de vitamines A et C, de la vitamine K, l'acide folique et la choline, des vitamines qui embellissent la peau. Ces vitamines jouent un rôle essentiel dans la conservation des cellules de la peau revitalisées et rajeunies.

Ingrédients:

- 1 cuillère à soupe d'huile d'olive
- 20-22 radis, bouts coupés et les radis coupés en deux
- Sel et poivre noir moulu au goût

Préparation:

- Mettre l'huile d'olive dans une poêle à feu doux;
- Préparer les radis, coupés côté-bas. Assaisonner avec du sel et du poivre noir.
- Cuire, en remuant de temps en temps, jusqu'à ce que les radis soient dorés et ramollis, environ 10 minutes.

Faits Nutritionnels:

Calories: 29 kcal, Lipides: 2.9g, Glucides: 0.8g, Protéines: 0,2 g, Sodium: 29 mg

7. Soupe secrète de Pépé

Description:

Le bêta-carotène se transforme dans l'organisme en vitamine A, un autre des nutriments qui aident à améliorer les avantages du sélénium à la peau. Et La patate douce est l'un des aliments riches en bêta-carotène! Faites une tasse de fantastique soupe de patate douce, en utilisant six ingrédients!

Ingrédients:

- 1 cuillère à soupe d'huile d'olive
- 1 petit oignon brun, coupé en dés
- 1 kg patate douce orange, pelée, hachée grossièrement
- 2 carottes moyennes, pelées, hachées grossièrement
- 5 tasses de bouillon de légumes biologiques
- 1 tasse de feuilles de basilic frais

Préparation:

- Faire chauffer l'huile dans une grande casserole à feu moyen-élevé. Faire cuire l'oignon, en remuant, pendant 3 minutes ou jusqu'à tendreté.
- Ajouter la patate douce, la carotte et le bouillon. Assaisonner de poivre. Couvrir.

- Porter à ébullition. Réduire à feu moyen-doux. Laisser mijoter pendant 20 à 25 minutes ou jusqu'à ce que les carottes soient tendres. Retirer du feu. Laisser refroidir 5 minutes.
- Ajouter le basilic.
- Mélanger, en lots, jusqu'à consistance lisse.
- Remettre dans la casserole à feu doux (si la soupe est trop épaisse, ajouter un peu d'eau).
- Cuire, en remuant, pendant 2 minutes ou jusqu'à ce qu'elle soit bien chaude. Servir.

Faits Nutritionnels:

Calories: 265kcal, Lipides: 6g, Glucides: 41G, Protéines: 8g, Sodium: 1234mg

8. Ragout d'huitres fraiches

Description:

L'huitre est pleine de zinc. Le zinc représente un acteur majeur dans la réparation de la peau car il aide à créer le collagène, qui fournit le soutien structurel dans la peau. Le zinc a également des propriétés antioxydantes, et il a été démontré être un élément nutritif de protection au niveau cellulaire.

Ingrédients:

- 1 cuillère à soupe d'huile d'olive
- 1 tasse de céleri hachée
- 3 cuillères à soupe d'échalotes hachées
- 1 quart et demi de demi-crème
- 2 (12 onces) conteneurs d'huîtres écaillées fraîches, non drainées
- Sel et poivre noir moulu au goût
- 1 pincée de poivre de Cayenne au goût

Préparation:

- Faire cuire le céleri et les échalotes jusqu'à ce que les échalotes soient tendres.
- Verser la demi-crème dans une grande casserole à feu moyen-élevé. Mélanger le céleri, et le mélange de l'échalote. Remuer continuellement.

- Lorsque le mélange est presque bouillant, versez les huîtres et leur liquide dans le pot.
- Assaisonner avec le sel, le poivre et le piment de Cayenne.
- Remuer continuellement jusqu'à ce que les huîtres se recourbent aux extrémités.
- Quand les huîtres s'enroulent, le ragoût est terminé ; éteindre le feu et servir.

Faits Nutritionnels:

Calories: 228 kcal, Fat: 51.1g, Protéines: 12,7 g, Sodium: 406 mg

9. Pomme Incroyable

Description:

Les pommes sont la source la plus riche d'acide malique, un "acide de fruit" extrait des pommes. Les acides de fruits sont connus dans le monde de la santé comme l'acide alpha-hydroxyde. L'acide malique est plus doux que d'autres acides utilisés dans les traitements de beauté tels que l'acide glycolique et l'acide salicylique. L'acide malique favorise une peau plus saine, plus ferme et plus jeune en renouvelant les cellules de la peau sans endommager la couche de la peau. Un coleslaw avec une saveur délicieuse. Tres bon et léger, avec une touche de douceur. Le jus d'ananas ajoute une bonne saveur.

Ingrédients:

- 4 tasses de chou râpé
- 1 tasse carottes râpées
- 1 pomme Granny Smith - pelée, épépinée et grossièrement râpée
- 2 cuillères à soupe de miel
- 1 cuillère à soupe de sucre brun
- 2 cuillères à café de vinaigre blanc
- 1 cuillère à soupe de jus d'ananas (facultatif)
- 2 cuillères à soupe de mayonnaise
- 1 pincée de sel

- 1 cuillère à café de poivre noir moulu

Préparation :

- Placer le chou râpé et la carotte dans un bol avec la pomme en tranches, et mélanger.
- Dans un autre bol, mélanger le miel, la cassonade, le vinaigre, le jus d'ananas, et la mayonnaise jusqu'à ce que le miel et le sucre aient complètement dissous.
- Verser sur la salade et mélanger pour bien enrober. Assaisonner avec le sel et le poivre et mélanger à nouveau. Couvrir et réfrigérer jusqu'au moment de servir.

Faits Nutritionnels:

Calories: 99 kcal, Lipides: 3.8g, Glucides: 17,1 g, protéines: 1.1g, Sodium: 118 mg

10. Noix de poulet

Description:

Essayez la combinaison alléchante de poulet tendre et grillé légèrement les noix du Brésil dans cette salade d'été facile. Les noix du Brésil sont un bon ajout à la plupart des régimes pour lutter contre l'acné.

Ingrédients:

- 100g de noix du Brésil
- Pulvérisation d'huile d'olive, pour huiler
- 4 filets de poitrine de poulet biologique (environ 250g)
- 85g (1/2 tasse) d'olives vertes farcies de feta, tranchées finement
- 2 cuillères à café de zeste de citron râpé finement
- 1 bouquet de persil continental, les feuilles seulement
- 60ml (1/4 tasse) de jus de citron frais
- 1 cuillère à soupe d'huile d'olive extra vierge

Préparation:

- Préchauffer le four à 356 ° C. Répartir les noix sur une plaque de cuisson et cuire au four pendant 7 minutes ou jusqu'à ce qu'elles soient légèrement grillées. Laisser refroidir. Hacher grossièrement.

- Pendant ce temps, vaporiser une poêle antiadhésive avec de l'huile d'olive juste pour la graisser. Placez sur feu moyen. Ajouter le poulet et cuire pendant 8-10 minutes de chaque côté ou jusqu'à cuisson.
- Mélanger les noix, les olives, le zeste de citron et le persil dans un bol. Verser dessus le jus de citron et l'huile et mélanger.
- Répartir la salade dans les assiettes de service. Parsemez de poulet sur le dessus et servir.

Faits Nutritionnels:

Calories: 350kcal, Lipides: 26g, Glucides: 1.5g, Protéines: 27g

11. Salade de Cresson Prime

Description:

Le cresson est un agent nettoyant puissant, nourrissant la peau tout en aidant à éliminer les toxines et l'excès de liquide dans le processus.

Ingrédients:

1/2 tasse de canneberges séchées hachées
1/4 tasse de vinaigre de vin rouge
1/4 tasse de vinaigre balsamique
1 cuillère à soupe d'ail haché
1 1/4 cuillères à café de sel
1 tasse d'huile d'olive extra vierge
6 bouquets de cresson - rincés, séchés et parés
3 bulbes de fenouil - garnies, épépinées et tranchées finement
3 petites têtes de radicchio, évidées et hachées
1 demi tasse de noix de pécan, grillées

Préparation:

Dans un bol, mélanger les canneberges, le vinaigre de vin rouge, le vinaigre balsamique, l'ail et le sel. Incorporer l'huile d'olive.

Dans un grand saladier, mélanger le cresson, le fenouil, le radicchio et les noix de pécan. Incorporer la vinaigrette et verser sur la salade. Bien mélanger et servir de suite.

Faits Nutritionnels:

Calories: 178kcal, Lipides: 15,4 g, Glucides: 8,9 g, protéines: 3.1g, Sodium: 202 mg

12. Favori du Lapin

Description:

Les carottes sont riches en bêta-carotène, un antioxydant qui est converti en vitamine A dans le corps. Il aide les tissus de la peau a se réparer et protège contre les rayons durs du soleil.

Ingrédients:

- 1 livre de carottes, coupées en morceaux de 2 pouces
- 2 cuillère à soupe d'huile d'olive
- 1/4 tasse de cassonade
- 1 pincée de sel
- 1 pincée de poivre noir moulu

Préparation:

- Placer les carottes dans une casserole d'eau salée. Porter l'eau à ébullition, réduire le feu à un niveau moyen-minimum, et laisser mijoter environ 20 à 30 minutes.
- Égoutter les carottes, réduire la chaleur à son réglage le plus bas possible et retourner les carottes dans la casserole. Cuire pendant environ 3 à 5 minutes, jusqu'à ce que le sucre soit bouillonnant. Servir chaud!

Faits Nutritionnels:

Calories: 150kcal, Lipides: 6g, Glucides: 24,5 g, protéines: 1.2g, Sodium: 220mg

13. Patates douces battues

Description:

Les patates douces sont un aliment tres approprie sur l'acné et c'est inespérable de pouvoir mieux trouver. Elles ne contiennent que 6 grammes de sucre pour 100 grammes, mais les conséquences désagréables du sucre comme l'acné et l'inflammation n'arrivent qu'avec une tres grande consommation. Selon quels nutriments pour combattre l'acné vous font défaut, les patates douces peuvent même l'emporter sur les patates blanches car leur teneur en vitamine A anéantit la compétition.

Ingrédients:

- 1 kg de patate douce orange, pelées, coupées en dés
- 2 cuillères à soupe d'huile d'olive
- 1 cuillère à soupe de vinaigre balsamique
- Flocons de sel, à la saison

Préparation:

- Faire cuire les patates douces dans une casserole d'eau bouillante salée à feu moyen-vif pendant 10 minutes ou jusqu'à tendreté. Égoutter dans une passoire.

- Remettre la patate douce dans la casserole chaude. Remuer la casserole à feu doux pendant 30 secondes ou jusqu'à évaporation de l'humidité en excès. Retirer du feu.
- En utilisant un pilon, écraser grossièrement la patate douce. Peu à peu, ajouter de l'huile. Ecraser jusqu'à consistance lisse. Assaisonnez avec du sel et du poivre. Arroser de vinaigre.

Faits Nutritionnels:

Calories: 364kcal, Lipides: 22g, Glucides: 35g, Protéines: 5g, Sodium: 101.51mg

14. Tomates Créatives

Description:

Les tomates peuvent aider à faciliter la circulation sanguine saine. Une circulation saine est vitale pour la santé de la peau, en particulier pour ceux qui ont des problèmes avec l'acné ou les imperfections. Faites une salade de tomates rafraîchissante, qui est l'accompagnement parfait pour un barbecue ou un dîner de rôti.

Ingrédients:

- 8 tomates moyennes, coupées en quartiers minces
- 1 oignon rouge moyen, coupé en deux, en fines tranches
- 1/2 tasse de feuilles de menthe fraîche
- 1/4 tasse d'huile d'olive
- 2 cuillères à soupe de vinaigre de vin rouge

Préparation:

- Combiner la tomate, l'oignon et la menthe dans un bol. Mettre l'huile et le vinaigre dans un pot a vis. Assaisonnez avec du sel et du poivre. Sécurisez le couvercle. Secouez pour mélanger.
- Egoutter la vinaigrette sur le mélange.

Faits Nutritionnels:

Calories: 48kcal, Lipides: 3.7g, Glucides: 2g, Protéines: 1g, Sodium: 17mg

15. Amitié Insolite

Description:

Le thon est plein d'oméga-3, qui peuvent aider en matière de santé de la peau. La patate douce est riche en vitamine qui peut aider à éclaircir l'acné. Mélanger ensemble et faire un gâteau favori de la famille!

Ingrédients:

- 1 patate douce moyenne orange (kumara) (environ 300g), pelée, hachée grossièrement
- 1 x 425g boite de morceaux de thon en saumure, égouttés
- 2 oeufs, légèrement fouetté
- 25g (1/4 tasse) chapelure séchée (emballée)
- Flocons de sel et poivre noir fraîchement moulu
- 1 cuillère à soupe d'huile d'olive
- 4 petits pains croustillants

Préparation:

- Faire cuire la patate douce dans une grande casserole d'eau bouillante salée pendant 7-8 minutes ou jusqu'à tendreté. Égoutter et rafraîchir sous l'eau froide. Transférer dans un grand bol.
- Utiliser un pilon ou une fourchette pour écraser la patate douce grossièrement jusqu'à ce qu'elle

devienne en purée. Ajouter le thon, l'œuf et la chapelure, et bien mélanger. Assaisonner de poivre. Divisez le mélange de thon en 8 portions égales. Utilisez les mains mouillées pour former des portions en galettes de 8cm.
- Faire chauffer l'huile dans une grande poêle antiadhésive à feu moyen-élevé. Ajouter les galettes et cuire pendant 3-4 minutes de chaque côté ou jusqu'à une coloration dorée. Retirer du feu. Répartir dans les assiettes et assaisonner avec le sel et le poivre. Servir immédiatement avec des petits pains.

Faits Nutritionnels:

Calories: 362kcal, Lipides: 11g, Glucides: 37g, Protéines: 28g, Sodium: 391.3mg, Cholestérol: 146 mg

16. Le Chou-fleur en Star de Films

Description:

Rôtir le chou-fleur le transforme en une collation délicieuse. Vous le mangerez tout comme si c'était du pop-corn. Très facile à préparer et délicieux!

Ingrédients:

- 1 cuillère à soupe d'huile d'olive
- 1/2 cuillère à café de sel à l'ail
- 1 grosse tête de chou-fleur, brisée en petits bouquets

Préparation:

- Préchauffer le four à 400 degrés F (200 degrés C).
- Fouetter l'huile d'olive et le sel à l'ail dans un grand bol; ajouter le chou-fleur et remuer pour enrober complètement. Étaler le chou-fleur sur une plaque à pâtisserie.
- Faire cuire au four préchauffé jusqu'à ce qu'il soit bien doré et tendre, de 15 à 18 minutes.

Faits Nutritionnels:

Calories: 83kcal, Lipides: 3.6g, Glucides: 11,2 g, protéines: 4.2g, Sodium: 290mg

17. Avocats à l'Asiatique

Description:

Les avocats sont remplis de vitamine E, qui est un ingrédient clé dans la lutte contre l'acné. De plus, les avocats sont riches en fibres ce qui signifie qu'ils gardent votre glycémie stable, soulèvent positivement votre humeur, et aident à équilibrer vos hormones. Une façon différente et simple pour profiter des avocats.

Ingrédients:

- 1 avocat
- 1/2 cuillère à café d'ail haché
- 1/2 cuillère à café de racine de gingembre frais hachée
- 1 cuillère à soupe d'huile d'olive

Préparation:

- Mélanger l'ail, le gingembre et l'huile d'olive; mettre de côté pendant cinq minutes pour permettre aux saveurs de se mélanger.
- Couper l'avocat en deux, et jeter la graine; diviser la sauce entre les moitiés d'avocat.

Faits Nutritionnels:

Calories: 164kcal, Lipides: 15g, Glucides: 9.1g, Protéines: 2.2g, Sodium: 157mg

18. Le petit déjeuner smoothie de bananes vert

Description:

Ce smoothie est riche en nutriments et en vitamines. Il est également parfait si vous êtes pressé de vous rendre au travail. Au lieu du miel, du sirop d'érable biologique peut être ajouté. Les bananes sont bonnes pour la régularité de l'intestin et la satiété. L'ajout d'une banane à votre alimentation quotidienne a une gamme d'avantages pour votre corps. Les bananes vous aident à atteindre vos objectifs de perte de poids, garder votre peau saine, elles vous donnent également des nutriments qui régulent le rythme cardiaque et qui ont des composés de vitamines pour la santé des yeux.

Ingrédients:

- 2 tasses de feuilles d'épinards de bébé, ou au goût
- 1 banane
- 1 carotte, pelée et coupée en gros morceaux
- 3/4 tasse de yogourt grec sans gras, ou au goût
- 3/4 tasse de glace

Préparation:

- Mettre les épinards, la banane, la carotte, le yaourt, la glace et le miel dans un mélangeur; mélanger jusqu'à consistance lisse.

Faits Nutritionnels:

Calories: 367kcal, Lipides: 0.8g, Glucides: 77.4g, Protéines: 18,6 g, Sodium: 168 mg

19. La Tomatina

Description:

Les tomates contiennent des antioxydants qui protègent contre les radicaux libres qui causent l'acné. Les tomates réparent les dommages de la peau au niveau cellulaire et réduisent l'apparence des cicatrices d'acné. Faites une bonne bruschetta de tomates fraiches pour servir à un barbecue pendant que vous attendez que la viande cuise!

Ingrédients:

- 8 tranches épaisses de pain vieux d'un jour cuit au feu de bois
- 1 gousse d'ail, pelée, coupée en deux
- 2 cuillères à soupe d'huile d'olive extra vierge
- 4 tomates mûres, coupées en dés
- 1/2 tasse de feuilles de basilic, déchiquetées
- Flocons de sel, à la saison

Préparation:

- Préchauffer le gril à feu moyen-élevé. Griller des deux côtés les tranches de pain grillé jusqu'à ce qu'elles soient bien chaudes. Frotter 1 côté de chaque tranche avec de l'ail coupé. Arroser avec 1 cuillère à café d'huile.

- Divisez les tomates sur les tranches de pain. Saupoudrez de basilic. Assaisonnez avec du sel et du poivre.
- Servez immédiatement.

Faits Nutritionnels:

Calories: 258kcal, Lipides: 11g, Glucides: 30g, Protéines: 7g, Sodium: 303.6mg

20. Chou frisé à l'ail

Description:

En plus d'être couronné comme le «roi des verts", le chou frisé pourrait aussi être nommé comme le roi de la vitamine A. Par rapport à tout autre légume à feuilles vertes, pour une personne moyenne, le chou frisé a plus de 100 pour cent du necessaire quotidien en vitamine A et C. Le chou frisé est souvent comparé à des oranges en raison de sa richesse en vitamines.

Ingrédients:

- 1 bouquet de chou frisé
- 2 cuillères à soupe d'huile d'olive
- 4 gousses d'ail, hachées

Préparation:

Déchirer les feuilles du chou frisé en petits morceaux à partir des tiges ; jeter les tiges.
- Faire chauffer l'huile d'olive dans une grande casserole à feu moyen. Cuire en remuant l'ail dans l'huile chaude jusqu'à tendreté, environ 2 minutes.
- Ajouter le chou et poursuivre la cuisson et remuer jusqu'à ce que les feuilles de chou soient d'un vert clair et fanées, environ 5 minutes de plus.

Faits Nutritionnels:

Calories: 120kcal, Lipides: 7.5g, Glucides: 12,2 g, protéines: 3.9G, Sodium: 49mg

21. Brocoli Rôti

Description:

Le brocoli est l'aliment parfait de compensation de la peau. Il contient des propriétés de renforcement de la santé comme les vitamines A, B complexe, C, E et K. Ces antioxydants combattent les dégâts des radicaux ce qui contribuera à la luminosité de votre peau.

Ingrédients:

2 tasses de bouquets de brocoli
1 poivron jaune, tranché
2 cuillères à café de poudre de chili
1 cuillère à café de poudre d'ail
Sel et poivre au goût
1 cuillère à soupe extra-vierge d'huile d'olive

Préparation :

- Préchauffer le four à 400 degrés F (200 degrés C).
- Combiner le brocoli et le poivron dans un bol.
- Saupoudrer les légumes avec la poudre de chili, la poudre d'ail, le sel et le poivre; arroser avec l'huile d'olive et mélanger pour bien enrober.
- Répartir les légumes dans un plat peu profond.

- Faire cuire au four préchauffé jusqu'à ce que les légumes soient tendres et commencent à brunir, 15 à 20 minutes.

Faits Nutritionnels:

Calories: 69kcal, Lipides: 3.9g, Glucides: 8g, Protéines: 2.1g, Sodium: 815mg

22. Riz avec maïs

Description:

Le riz brun est une riche source de vitamine B, de protéines, de magnésium, et plusieurs antioxydants. Pour l'acné, la vitamine B agit comme le combattant de stress de notre peau, ce qui aide à réguler les niveaux d'hormones et prévenir le risque de poussées d'acné.

Ingrédients:

- 2 tasses d'eau
- 1 tasse de riz brun
- 1 cuillère à soupe d'huile d'olive
- sel 1/2 cuillère à café de
- 1 tasse de grains de maïs
- 1/2 cuillère à café de coriandre séchée
- 1/2 cuillère à café de graines de cumin

Préparation:

- Dans une casserole, mélanger l'eau, le riz, l'huile d'olive et le sel, et porter à ébullition. Mélanger dans le maïs, la coriandre, et le cumin.
- Réduire le feu, couvrir et laisser mijoter 45 à 60 minutes, jusqu'à ce que le liquide soit absorbé.

Faits Nutritionnels:

Calories: 133kcal, Lipides: 32g, Glucides: 24,4 g, protéines: 2.7g, Sodium: 198 mg

23. Monsieur Fenouil

Description:

Si vous cherchez le nettoyant parfait pour une peau naturelle, mangez du fenouil. Ce légume-racine au gout de réglisse peut améliorer la digestion, réduire l'enflure et aider à éliminer les excès de liquide et de toxines dans votre peau.

Ingrédients:

- 1 cuillère à café d'huile d'olive
- 3 carottes, râpées
- 1 bulbe de fenouil, parée et coupée en dés
- 1/2 cuillère à café de coriandre moulue
- 1/4 cuillère à café de graines de fenouil
- 1/3 tasse de crème épaisse

Préparation:

- Faire chauffer l'huile d'olive dans une poêle à feu moyen. Incorporer les carottes et le fenouil, et assaisonner avec la coriandre et les graines de fenouil.
- Faire cuire jusqu'à ce qu'elles soient légèrement dorées.
- Mélanger la crème épaisse, et réduire à feu doux. Laisser mijoter environ 5 minutes jusqu'à ce que la

crème a été absorbée dans les carottes et le fenouil. Servir chaud.

Faits Nutritionnels:

Calories: 83kcal, Lipides: 3.6g, Glucides: 11,2 g, protéines: 4.2g, Sodium: 290mg

24. Salade de saumon rouge fruitée

Description:

Le saumon est l'un des meilleurs aliments pour éclaircir l'acné parmi tous les autres aliments. Le saumon est une riche source d'acides gras oméga 3, qui non seulement aident à débarrasser le corps de l'acné, mais aussi élèvent votre humeur et de stabilisent vos hormones.

Ingrédients:

- 1 (16 onces) de saumon rouge, égoutté et émietté
- Jus d'1 citron
- 1/2 tasse de raisins secs dorés
- 1 pomme, évidée et émincée
- 1 1/2 branches de céleri, hachées fin
- 1/3 tasse de mayonnaise, ou au goût
- 1/4 cuillère à café de flocons de piment rouge écrasé

Préparation:

- Mélanger le saumon rouge et le jus de citron dans un bol en verre; bien mélanger.
- Incorporer les raisins secs dorés, la pomme, le céleri, la mayonnaise, et les flocons de piment rouge; bien mélanger.

Faits Nutritionnels:

Calories: 368kcal, Lipides: 20,9 g, Glucides: 21,2 g, protéines: 25g, Sodium: 664mg

25. Rouleau aux Oeufs

Description:

La laitue peut aider à prévenir les boutons et contrôle les poussées d'acné en raison de sa haute teneur en chrome. L'œuf contient de la vitamine B. Faites un repas délicieux sur le pouce avec ces ingrédients!

Ingrédients:

- 4 oeufs durs, pelés
- 2 cuillères à soupe de mayonnaise d'œuf entier
- 8 grandes tranches de pain multi grains
- 2 tasses de laitue iceberg finement hachée

Préparation:

- Hacher grossièrement les œufs. Placer dans un bol. Ajouter la mayonnaise, le sel et le poivre. Écraser avec une fourchette pour combiner.
- Retirer les croûtes de pain.
- Utiliser un rouleau à pâtisserie, aplatir légèrement le pain. Étaler 1 1/2 cuillères à soupe de mélange d'œufs sur chaque tranche de pain, en laissant une bordure de 1 cm à un des bouts du pain. Parsemez de laitue sur le dessus.

- Rouler par le bout opposé pour enfermer la garniture. Envelopper dans une pellicule plastique. Réfrigérer.

Faits Nutritionnels:

Calories: 154kcal, Lipides: 7.8g, Glucides: 13,9 g, Protéines: 6,4 g, Sodium: 205 mg, cholestérol: 113 mg

26. Chou Cabby

Description:

Le soufre est considéré comme la «beauté minérale de la nature». En raison de son effet de séchage, il joue un rôle important dans le séchage de l'acné et des éruptions cutanées. En outre, il est essentiel pour la synthèse de la kératine, une substance protéique qui est essentielle pour la santé des cheveux, des ongles et de la peau. Il aide également à nettoyer le sang et éliminer les bactéries et les toxines de votre corps. Heureusement pour nous, le chou a beaucoup de soufre !

Ingrédients:

- 1 cuillère à soupe d'huile d'olive
- 2 oignons, hachés
- 1 branche de céleri, hachée
- 2 gousses d'ail, hachées
- 1 tête de chou moyenne, coupée en carrés
- 1 boite de tomates étuvées, avec du liquide (14,5 onces)
- Sel et poivre au goût

Préparation :

- Ajouter l'oignon, le céleri et l'ail et faire revenir pendant 3 à 5 minutes, ou jusqu'à ce que translucides.
- Incorporer le chou, réduire à feu doux et laisser mijoter pendant 15 minutes. Verser les tomates et assaisonner avec le sel et le poivre au goût. Couvrir la casserole et cuire à feu moyen pendant 30 à 40 minutes, ou jusqu'à ce que le chou soit tendre.

Faits Nutritionnels:

Calories: 200kcal, Lipides: 11,9 g, Glucides: 23.1g, Protéines: 4.4g, Sodium: 331mg

27. Salade Toutes Saisons

Description:

Une salade facile et délicieuse, parfaite pour toutes les saisons, avec des baies, des noix, et des verts. Les bleuets peuvent être un excellent remède pour l'acné. Les tests de laboratoire prouvent que les bleuets sauvages possèdent la plus grande capacité antioxydante de tous les fruits.

Ingrédients:

- 1 paquet (10 onces) mélangé de feuilles de salade
- 1 pinte de bleuets frais
- 1/4 tasse de noix
- 1/2 tasse vinaigrette à la framboise
- 1/4 tasse de fromage feta émietté

Préparation:

- Dans un grand bol, mélanger la salade avec les bleuets, les noix et la vinaigrette à la framboise.
- Toppez avec du fromage feta pour servir.

Faits Nutritionnels:

Calories: 128kcal, Lipides: 5.8 g, Glucides: 17,6 g, protéines: 3.4g, Sodium: 420mg

28. Puissance de Chou-fleur

Description:

La famille des légumes crucifères est particulièrement importante, car ils contiennent des composés supplémentaires qui aident à capturer et à éliminer les œstrogènes supplémentaires de la circulation sanguine, et ainsi peuvent aider à réduire l'acné. Cette famille de légumes comprend le chou-fleur!

Ingrédients:

- 1 tête de chou-fleur, coupée en fleurettes
- 1 cuillère à soupe d'huile d'olive
- 1 petit oignon doux, coupé en dés
- 1 gousse d'ail émincée
- 9 olives Kalamata dénoyautées
- 1 cuillère à café de persil séché
- Sel au goût
- Zeste d'1 citron

Préparation:

- Couper le chou-fleur en morceaux très finement hachés similaires à un vrai couscous ou du riz.
- Mettez l'ail et l'oignon dans la casserole avec l'huile d'olive; cuire et remuer jusqu'à ce que l'oignon ait ramolli, environ 2 minutes.

- Ajouter le chou-fleur et cuire pendant environ 40minutes. Remuer toutes les 5 minutes jusqu'à ce que le tout soit bien dore et de couleur noisette.
- Mélanger les olives Kalamata, le persil, le sel et le zeste de citron avec le chou-fleur.

Faits Nutritionnels:

Calories: 118kcal, Lipides: 9.3g, Glucides: 8.2g, Protéines: 2.4g, Sodium: 176 mg

29. Omelette de blancs d'oeufs

Description:

La vitamine E antioxydante aide la peau à guérir les ravages et les cicatrices causées par l'acné. Il est difficile d'obtenir beaucoup de vitamine E à partir d'un régime faible en gras, mais les œufs, les huiles végétales, et les grains entiers sont de bonnes sources. Faites une omelette remplie d'épinards comme petit déjeuner et commencez une nouvelle journée!

Ingrédients:

- Pulvérisation d'huile d'olive
- 2 oignons verts, tranchés
- 50g bébé épinards
- 1 cuillère à soupe d'aneth frais haché
- Sel de mer et poivre noir concassé
- 3 blancs d'œufs

Préparation:

- Vaporiser légèrement une poêle antiadhésive avec l'huile d'olive.
- Ajouter les oignons verts, les épinards et l'aneth, et cuire à feu moyen jusqu'à ce que les épinards soient fanés.

- Retirer de la poêle et assaisonner de sel de mer et poivre noir concassé.
- Vaporiser légèrement pan à nouveau avec un peu d'huile. Dans un bol, fouetter les blancs d'œufs avec un batteur électrique jusqu'à formation de pics mous.
- Ajouter les blancs d'œufs dans la casserole et cuire à feu moyen pendant 2 minutes ou jusqu'à ce que presque réglé.
- Saupoudrer le remplissage d'épinards plus de la moitié l'omelette et cuire encore 3 minutes ou jusqu'à ce que la base soit dorée.
- Incorporer délicatement sur omelette pour enfermer la garniture. Sers immédiatement.

Faits Nutritionnels:

Calories: 56kcal, Glucides: 2g, Protéines: 11g, Sodium: 151.51mg

30. Les Gardiens de la Peau

Description:

L'asperge est un nettoyant puissant pour détoxifier le foie et guérir l'acné. Elle est pleine de nombreux éléments nutritifs, y compris la vitamine E.

Ingrédients:

- 1 livre d'asperges fraîches, parées et coupées en morceaux de 1 pouce
- 1/2 tasse de pacanes, coupés en morceaux
- 2 têtes de laitue frisée rouge, rincées et déchiquetées
- 1/2 tasse de petits pois, décongelés
- 1/4 de livre de saumon fumé bio, coupé en morceaux de 1 pouce
- 1/4 tasse d'huile d'olive
- 2 cuillères à soupe de jus de citron
- 1 cuillère à café de moutarde de Dijon
- 1/2 cuillère à café de Sel
- 1/4 cuillère à café de poivre

Préparation:

- Apportez une casserole d'eau à ébullition. Placer les asperges dans la casaserole, et cuire 5 minutes, jusqu'à tendreté. Égoutter et mettre de côté.

- Mettre les pacanes dans une poêle à feu moyen. Cuire 5 minutes, en remuant souvent, jusqu'à ce que légèrement grillés.
- Dans un grand bol, mélanger les asperges, les pacanes, les feuilles de laitue rouge, les pois, et le saumon.
- Dans un autre bol, mélanger l'huile d'olive, le jus de citron, la moutarde de Dijon, le sel et le poivre. Mélanger avec la salade ou servir sur le côté.

Faits Nutritionnels:

Calories: 159kcal, Lipides: 12,9 g, Glucides: 7g, Protéines: 6g, Sodium: 304mg

31. Vita-Bombe

Description:

Les haricots verts contiennent de la lutéine caroténoïde, du bêta carotène, de la néo xanthine et de la viola xanthine, qui aident à stimuler la capacité de la peau à lutter contre le vieillissement. Ils emballent également une capacité impressionnante d'antioxydants ainsi que des vitamine C, A, K, du calcium, du potassium, de l'acide folique et de petites quantités de fibres, de protéines et du fer.

Ingrédients:

- 1 1/2 livres haricots verts, parés et coupés en morceaux de 2 pouces
- 1 1/2 tasses d'eau
- 1 cuillère à soupe d'huile d'olive
- 1 cuillère à soupe de sucre
- 3/4 cuillère à café de sel d'ail
- 1/4 cuillère à café de poivre
- 1 1/2 cuillères à café de basilic frais haché
- 2 tasses de moities de tomates cerise

Préparation:

- Mettre les haricots et de l'eau dans une grande casserole. Couvrir et porter à ébullition. Mettre à

feu doux et laisser mijoter jusqu'à tendreté, environ 10 minutes. Égoutter l'eau, et mettre de côté.
- Incorporer le sucre, le sel d'ail, le poivre et le basilic. Ajouter les tomates et cuire en remuant doucement jusqu'à ce qu'elles s'amollissent. Verser le mélange de tomates sur les haricots verts, et remuer délicatement pour bien mélanger le tout.

Faits Nutritionnels:

Calories: 122kcal, Fat: 8g, Glucides: 12,6 g, Protéines: 2,6g, Sodium: 294mg

32. Oranges Opportunistes

Description:

L'Orange est pleine de vitamine C. Ces bombes juteuses de vitamine C ne vont pas guérir vos poussées d'acné, mais parce que la vitamine renforce les parois des cellules, elles peuvent aider à protéger votre peau des cicatrices que peuvent causer les imperfections.

Ingrédients:

- 4 grosses oranges, pelées, pépins retirés et jetés, coupées en rondelles de 2cm
- 1 oignon rouge, finement tranché
- 3 cuillères à soupe de persil plat finement haché
- 1/4 tasse (60 ml) d'huile d'olive
- 1 cuillère à soupe de jus d'orange
- 2 cuillères à soupe de pistaches effilées pour servir

Préparation:

- Mettre les rondelles d'oranges sur un plateau. Saupoudrer avec l'oignon et le persil. Mélanger l'huile, le jus et l'eau de fleur et assaisonner.
- Parer la salade juste avant de servir et assaisonner avec du poivre fraîchement moulu. Garnir avec des noix.

Faits Nutritionnels:

Calories: 123kcal, Fat: 8g, Glucides: 9g, Protéines: 2g, Sodium: 6.06mg

33. Ananas Classé 1

Description:

Le jus d'ananas est l'entrepôt de la vitamine C, de la bromélaïne et des antioxydants. C'est aussi l'un des meilleurs remèdes maison pour améliorer l'hydratation de la peau ainsi que rendre votre peau claire et belle. Les Ananas grillés sont si faciles a faire et vraiment bons.

Ingrédients:

- 1 ananas frais, pelées, épépinées et coupées en 1 pouce anneaux
- 1/4 cuillère à café de miel
- 3 cuillères à soupe d'huile d'olive
- 1 trait de sauce au piment fort
- Sel au goût

Préparation:

- Placer l'ananas dans un grand sac en plastique refermable.
- Ajouter le miel, l'huile d'olive, la sauce au piment et le sel. Fermer le sac et secouer pour enrober. Laisser mariner pendant au moins 30 minutes, ou de préférence toute la nuit.

- Préchauffer un gril extérieur pour une grande chaleur, et huiler légèrement la grille.
- Faites griller l'ananas pendant 2 à 3 minutes de chaque côté, ou jusqu'à ce qu'il soit bien chaud et des marques de gril apparaissent.

Faits Nutritionnels:

Calories: 46kcal, Lipides: 2.9g, Glucides: 5.3g, Protéines: 0,2 g, Sodium: 23mg

34. Salade de Pissenlit

Description:

Savez-vous que le pissenlit est non seulement une belle fleur, mais a aussi de grands avantages? Les feuilles de pissenlit contiennent beaucoup de nutriments, y compris les impressionnantes vitamines A, B2, C, D, et des minéraux comme le potassium, le calcium, le sodium, le phosphore, le fer. Il est également la source naturelle la plus riche de bêta-carotène parmi les légumes verts. Ajoutez le pissenlit dans votre repas et donnez à votre peau un coup de pouce majeur. Il contribue également à des conditions comme l'eczéma et le psoriasis.

Ingrédients:

- 1/2 livre de feuilles de pissenlit déchiquetées
- 1/2 oignon rouge, haché
- 2 tomates, hachées
- 1/2 cuillère à café de basilic séché
- Sel et poivre au goût

Préparation:

- Dans un bol moyen, mélangez le pissenlit, l'oignon rouge et les tomates. Assaisonner avec le basilic, le sel et le poivre.

Faits Nutritionnels:

Calories: 42kcal, Lipides: 0.5g, Glucides: 9g, Protéines: 2,3g, sodium: 192 mg

35. Les Fruits qui dansent

Description:

Cette salade de fruits va très bien avec le saumon grillé. Le pamplemousse rafraîchit la peau et l'acide aminé présent dans le pamplemousse rend la peau plus ferme et douce.

Ingrédients:

- 1/2 gros pamplemousse rose, pelé et membranes enlevées
- 1 tasse de bleuets
- 2 cuillères à soupe d'oignon rouge émincé
- 2 cuillères à soupe de coriandre fraîche hachée
- 1 cuillère à soupe de jus de lime
- 1 piment jalapeno, haché
- 1 cuillère à café de miel

Préparation:

- Faire des dés de pamplemousse en morceaux de la taille des bleuets et transférer dans un grand bol.
- Ajouter les bleuets, l'oignon, la coriandre, le jus de lime, le piment jalapeno, et le miel; bien mélanger.

Faits Nutritionnels:

Calories: 46kcal, Lipides: 0,2 g, Glucides: 11,6 g, Protéines: 0,7 g, Sodium: 1mg

36. La Pastèque prend la tête

Description:

La pastèque est faible en sucre, avec seulement 6 grammes pour 100 grammes, et surtout, elle a un effet d'amélioration de l'acné particulièrement unique. La pastèque a une puissante capacité d'aider dans le processus de cicatrisation de toute plaie de votre corps. Achetez une pastèque et ajoutez une touche de sirop épicé pour un dessert de dîner facile et délicieux.

Ingrédients:

- 1 grosse orange
- 185ml (3/4 tasse) d'eau
- 70g (1/3 tasse) de sucre en poudre
- 1 cuillère à café clous de girofle entiers
- 1 cuillère à café de graines de cardamome
- 1 bâton de cannelle, cassé en deux
- 800g de pastèque sans pépins, pelée, finement tranchée
- Des yaourts bios, pour servir

Préparation:

- Utiliser un zesteur pour enlever l'écorce de l'orange. Presser l'orange. Égoutter dans une cruche. Jeter la pulpe.

- Incorporer le jus d'orange, le zeste d'orange, l'eau, le sucre, les clous de girofle, la cardamome et le bâton de cannelle dans une casserole à feu moyen. Augmenter la chaleur à feu haut.
- Porter à ébullition. Réduire à feu moyen.
- Faire bouillir pendant 8 minutes ou jusqu'à ce que le liquide soit réduit de près de la moitié.
- Laisser refroidir. Égoutter dans une cruche. Jeter les clous de girofle, les graines de cardamome et la cannelle, en réservant le zeste.
- Placez le sirop dans le réfrigérateur pour refroidir.
- Diviser la pastèque parmi les verres de service. Verser le sirop dessus. Garnir le zeste réservé. Servir avec du yaourt.

Faits Nutritionnels:

Calories: 217kcal, Lipides: 6.5g, Glucides: 36g, Protéines: 4.5g

37. Soupe bien équilibrée

Description:

Les carottes sont soupçonnées d'avoir des propriétés détoxifiantes et de renforcer le système immunitaire, ce qui permet à votre corps à la fois de lutter contre l'acné avant que les boutons ne se produisent et d'aider votre peau à récupérer d'une poussée d'acné. Faites une tasse de soupe de carottes et profitez de ses avantages!

Ingrédients:

- 1 1/2 cuillères à soupe d'huile d'olive
- 1 tasse de poireaux émincés (partie blanche seulement)
- 1/2 gros oignon blanc, coupé en dés (environ 1 tasse)
- 2 1/2 livres de carottes organiques, hachées
- 2 tasses de bouillon de légumes biologiques
- 1 cuillère à soupe de citronnelle fraîche hachée (ou 2 cuillères à café séchée, attachées dans un morceau de gaze)
- 3 1/2 cuillères à café de gingembre frais haché
- 1 tasse de jus de carotte frais
- 1/2 tasse crème sure légère, plus 4 cuillerées pour garnir
- poivre noir grossièrement moulu

- 1 cuillère à soupe de ciboulette hachée

Préparation:

- Faire chauffer l'huile dans une grande casserole à fond épais à feu vif jusqu'à ce que cela soit bien chaud. Faire cuire les poireaux et l'oignon 2 à 3 minutes.
- Ajouter les carottes et 2 cuillères d'eau. Cuire, couvert, 10 minutes, en remuant de temps en temps.
- Ajouter le bouillon, la citronnelle et 1 1/2 cuillères à café de gingembre. Laisser mijoter environ 30 minutes.
- ▢ Laisser refroidir le mélange pendant 10 minutes, puis verser dans un robot culinaire et réduire en purée. Ajouter le jus de carottes et passer à travers une passoire à mailles fines. Jeter la pulpe. (Si vous n'allez pas servir immédiatement, refroidir le liquide et réfrigérer.)
- Ajouter la crème sure et le reste de 2 cuillères à café de gingembre au liquide filtré. Remuer jusqu'à ce que complètement incorporées.
- Chauffer 3 ou 4 minutes à feu moyen-doux ou servir froid. Assaisonner de poivre. Répartir dans 4 bols. Garnir de ciboulette et 1 cuillère à café sur chaque bol de crème sure.

Faits Nutritionnels:

Calories: 273kcal, Fat: 9g, Glucides: 43.5g, Protéines: 6.7g

38. Slaw Fantastique

Description:

Les pommes sont une bonne source de bio flavonoïdes et de vitamines qui aident à maintenir la santé de la peau. Mettez-les dans votre recette de salade de chou et faites une bonne diversion de la salade de chou traditionnelle.

- Ingrédients:
- 2 tasses pommes vertes pour Tarte, évidées et coupées en julienne
- 2 tasses de chou-rave, pelé et coupe en julienne
- 1-2 cuillères à soupe de jus de citron frais
- ⅛ thé de sel
- ⅛ c de poivre noir
- ½ tasse de dip de fruits bio

Préparation:

- Coupez vos pommes en Julienne et enrobez-les environ 1-2 cuillères à soupe de jus de citron frais.
- Pelez le chou-rave, le couper en Julienne et mélanger avec les pommes.
- Salez, poivrez et ajoutez le dip de fruits bio.
- Bien mélanger.

Faits Nutritionnels:

Calories: 113.4kcal, Lipides: 2.9g, Glucides: 20,6 g, protéines: 4.1g

39. Pomme Alfa

Description:

Les pommes ont plusieurs propriétés qui en font une excellente nourriture pour la peau. Les pommes sont aussi pleines de fibres, ce qui aide à maintenir une bonne digestion - un aspect crucial de la peau saine. La meilleure partie de la saison d'automne sont les pommes, qui sont le cœur de cette recette organique. Les odeurs provenant de votre cuisine vous feront rêver d'air frais et d'excursions vers le verger.

Ingrédients:

- 1 ½ tasse de farine non blanchie
- ¼ tasse de farine de lin
- 1 cuillère à soupe de poudre à pâte
- ¼ cuillère à café de sel
- 1 cuillère à café de cannelle (facultatif)
- 2 cuillères à soupe de votre sucre préféré
- 1 cuillère à café de vanille
- 2 oeufs battus
- 2 tasses de lait de noix
- 3 cuillères à soupe d'huile de cuisson
- 2 pommes hachées
- Jus d'un citron
- 2 cuillères à café de cannelle

- Huile de coco
- Poudre organique Sucanat

Préparation:

- Mélanger les ingrédients secs ensemble, mettre de côté.
- Couper la pomme en petits morceaux ou utiliser un hacheur/processeur électrique pour gagner du temps. Ajoutez une touche de citron aux pommes et remuer.
- Ajouter la cannelle au mélange de pomme, et mettre ensemble de côté
- Ajouter les ingrédients humides aux ingrédients secs. Remuer, mais pas trop. Verser la pâte dans un petit pichet pour faciliter la coulée dans le moule ebelskiver.
- Mettre une poêle sur chaleur supérieure à moyenne. Utilisez un pinceau pour badigeonner, saturer toute la surface de la casserole ebelskiver avec de l'huile de noix de coco et versez la pâte mi-chemin dans chaque cratère de la casserole ebelskiver.
- Ajouter une cuillerée de la garniture aux pommes sur le dessus de la pâte de chaque cratère sur la casserole et verser la pâte pour couvrir la garniture de pommes sur chaque cratère.

- Lorsque les ebelskivers commencent à faire des bulles, les retourner complètement à l'aide de deux brochettes en bois.
- Après environ une minute ou deux, retirez les ebelskivers de la casserole quand ils sont d'un brun clair / couleur dorée. Vous pouvez ajouter un édulcorant supplémentaire au produit final.
- Laisser refroidir pendant quelques minutes avant de servir.
- Conserver au réfrigérateur.

Faits Nutritionnels:

Calories: 264kcal, Lipides: 9.2g, Glucides: 38.8g, Protéines: 7.6g

40. Soupe de Pois Chiches

Description:

L'avoine est une bonne source de zinc pour les personnes souffrant d'acné parce qu'elle est faible en iode contrairement à beaucoup d'autres sources alimentaires qui contiennent du zinc. Les propriétés de lutte contre l'acné du zinc sont censées résulter de sa capacité à réduire l'inflammation et de tuer les bactéries associées à l'acné. En outre, le zinc joue un rôle dans la synthèse des protéines et la formation de collagène, qui sont tous deux nécessaires pour maintenir la peau en bonne santé.

Ingrédients:

- 3 cuillères à soupe d'huile d'olive
- 1 tasse d'avoine
- 5 grosses tomates, coupées en deux et tranchées
- 1/3 tasse d'oignon, haché
- 1 gousse d'ail, hachée
- 3 tasses d'eau, divisées
- 1/2 bouquet de coriandre fraîche
- 2 cuillères à café de granulés de bouillon de poulet
- 1/2 cuillère à café de sel

Préparation:

- Faire chauffer une grande poêle profonde ou un faitout à feu moyen-doux. Versez l'huile d'olive et laisser chauffer. Ajouter l'avoine; cuisinier et remuer jusqu'à ce qu'elle soit grillée.
- Dans un mélangeur ou un grand robot culinaire, mélanger les tomates, l'oignon, l'ail, 1 tasse d'eau, et la coriandre.
- Mélanger jusqu'à consistance lisse. Verser dans la poêle avec l'avoine grillée. Incorporer les 2 autres tasses d'eau et porter à ébullition.
- Mélanger le sel et le bouillon de poulet. Couvrir et laisser mijoter pendant 15 minutes. Savourez chaud ou tiède.

Faits Nutritionnels:

Calories: 218kcal, Fat: 12.1g, Glucides: 24.6g, Protéines: 5,2g, Sodium: 493mg

: 24.6g, Protéines: 5,2g, Sodium: 493mg

41. Party de Fruits

Description:

Emballé avec des vitamines, un excellent smoothie qui maintient l'acné au loin.

Ingrédients:

- 4 cubes de glace
- 1/4 ananas frais - pelé, épépiné et coupé en dés
- 1 grosse banane, coupée en morceaux
- 1 tasse d'ananas ou de jus de pomme

Préparation:

Déposer les cubes de glace, l'ananas, la banane, et le jus d'ananas dans le bol d'un mixeur. Mixer jusqu'à consistance lisse.

Faits Nutritionnels:

Calories: 313kcal, Lipides: 0.9g, Glucides: 78.7g, Protéines: 3g, Sodium: 10mg

42. La Salade qui Repousse l'acné

Description:

L'épinard est doux, tendre, facile à ajouter à quoi que ce soit, et il est également riche en vitamine E, en fer et en protéines. Les canneberges sont un excellent moyen de lutter contre l'acné. L'inflammation est un acteur clé dans l'acné, en particulier l'acné kystique. Le plus profondément l'inflammation pénètre dans un bouton et le pire ce sera. Les canneberges et jus de canneberge contiennent des composés phyto chimiques qui ont des propriétés anti-inflammatoires.

Ingrédients:

- 1 cuillère à soupe d'huile d'olive
- 3/4 tasse d'amandes, blanchies et effilées
- 1 livre d'épinards, rincés et déchiquetés en bouchées
- 1 tasse de canneberges séchées
- 2 cuillères à soupe de graines de sésame grillées
- 1 cuillère à soupe de graines de pavot
- 1/2 tasse de sucre blanc
- 2 cuillères à café d'oignon émincé
- 1/4 cuillère à café de paprika
- 1/4 tasse de vinaigre de vin blanc
- 1/4 tasse de vinaigre de cidre

- 1/2 tasse d'huile végétale

Préparation:

- Dans une casserole moyenne, faire cuire et remuer les amandes dans de l'huile d'olive jusqu'à ce qu'elles soient légèrement grillées. Retirer du feu et laisser refroidir.
- Dans un bol moyen, fouetter ensemble les graines de sésame, graines de pavot, le sucre, l'oignon, le paprika, le vinaigre de vin blanc, le vinaigre de cidre et l'huile végétale. Mélanger avec les épinards juste avant de servir.
- Dans un grand bol, mélanger les épinards avec les amandes et les canneberges grillées.

Faits Nutritionnels:

Calories: 338kcal, Lipides: 25g, Glucides: 30g, Protéines: 4.9g, Sodium: 58mg

43. L'orge de printemps

Description:

L'orge est l'un des meilleurs grains à consommer si votre peau est sujette à des poussées d'acné car elle a la plus faible cote d'indice glycémique de tous les grains communs. L'orge est riche en acides aminés, glucides et graisses alimentaires. L'orge en elle-même ne peut pas être consommée sans enlever la coque extérieure fibreuse.

Ingrédients:

- 4 tasses bouillon de poulet organique faible en sodium et en gras
- 2 gousses d'ail, hachées
- 1/2 tasse d'oignon rouge, émincé
- 1/2 tasse de carottes coupées en dés
- 1 tasse d'orge perlé
- 1/2 tasse de dés de courgettes
- 2 cuillères à soupe de persil frais haché
- 1 cuillère à café d'huile d'olive
- 1 cuillère à soupe de jus de citron
- Sel et poivre au goût

Préparation:

- Chauffer 1/4 tasse du bouillon dans une casserole à feu moyen-élevé. Ajouter l'ail et l'oignon et faire revenir pendant 5 minutes. Ajouter les carottes et faire revenir pendant 5 minutes.
- Ajouter le reste du bouillon et porter à ébullition. Ajouter l'orge, baisser le feu, couvrir et laisser mijoter jusqu'à ce que le liquide soit presque absorbé, environ 50 minutes.
- Ajouter la courgette, le persil, l'huile et le jus de citron. Laisser mijoter pendant 5 minutes; Assaisonnez avec du sel et du poivre.

Faits Nutritionnels:

Calories: 150kcal, Lipides: 1,4 g, Glucides: 29.9g, Protéines: 5,4 g, Sodium: 271mg

44. Un Plat sain

Description:

Le champignon contient une grande quantité de vitamine D et d'autres antioxydants qui freinent la production excessive d'huile, et qui sont bénéfiques à votre peau. Des extraits de champignons sont également utilisés dans plusieurs crèmes anti-acnés.

Ingrédients:

- 1/2 livre de haricots verts frais, coupés en morceaux de 1 pouce
- 2 carottes coupées en lamelles épaisses
- 1 cuillère à soupe d'huile d'olive
- 1 oignon, tranché
- 1/2 livre de champignons frais, tranchés
- 1 cuillère à café de sel
- 1/2 cuillère à café de sel assaisonné
- 1/4 cuillère à café de sel d'ail
- 1/4 cuillère à café de poivre blanc

Préparation:

- Mettre les haricots verts et les carottes dans 1 pouce d'eau bouillante. Couvrir et cuire jusqu'à tendreté, mais encore ferme. Drainer.

- Faire revenir les oignons et les champignons jusqu'à ce que presque tendres. Réduire le feu, couvrir et laisser mijoter 3 minutes. Incorporer les haricots verts, carottes, sel, sel assaisonné, sel d'ail et poivre blanc.
- Couvrir et laisser cuire 5 minutes à feu moyen.

Faits Nutritionnels:

Calories: 103kcal, Lipides: 7.9g, Glucides: 7,7g, Protéines: 1,9g, Sodium: 610mg

45. Sensation de douceur

Description:

La pomme est pleine de vitamines A et C, de calcium, de fer, de phosphore et de potassium. Faites-en recette, alors vous aurez un aliment très compact et délicieux qui favorise la bonne santé et l'apparence.

Ingrédients:

- 5 pommes à cuire moyennes
- 1 cuillère à café de cannelle en poudre
- 3 oz de noix de pécan crues hachées
- 1/4 tasse de canneberges séchées non sucrées
- 1 cuillère à soupe d'huile d'olive
- 2/3 tasse d'eau (pour la sauce)
- 1/4 de sirop d'érable de tasse (pour la sauce)
- 1/4 tasse de rhum (pour la sauce)

Préparation:

- Préchauffer le four à 350 F.
- Nettoyer les pommes et les épépiner.
- Veillez à ne pas évider toute la pomme de sorte que la farce ne tombe pas de la pomme.
- Creuser doucement (environ 1/4 "de profondeur) les pommes à mi-chemin vers le bas tout autour pour éviter le fractionnement.

- Mélanger les pacanes, la cannelle, les canneberges et farcir ce mélange dans les pommes.
- Garnir chaque pomme avec une cuillère à café d'huile d'olive.
- Mettre les pommes farcies dans un moule carré de 8 x 8 pouces.
- Dans un petit bol, mélanger l'eau, le sirop d'érable et le rhum. Bien mélanger.
- Verser le mélange sur les pommes et cuire au four pendant 45 minutes ou jusqu'à ce que les pommes soient tendres.
- Verser la sauce sur les pommes à plusieurs reprises pendant la cuisson.
- Lorsque les pommes sont faites, prendre la sauce de la poêle et mettre la sauce dans une petite casserole.
- Porter à ébullition et laisser bouillir doucement jusqu'à ce que la sauce devienne épaisse et nappe le dos d'une cuillère (environ 5 minutes).
- Verser sur les pommes et servir.

Faits Nutritionnels:

Calories: 153.3kcal, Lipides: 8.2g, Glucides: 19,7 g, protéines: 0.9g

46. Contre-attaques de Bébés-Maïs

Description:

L'amidon de maïs est utile pour apaiser les irritations de la peau et des éruptions cutanées. Cette recette apporte beaucoup d'influences asiatiques.

Ingrédients:

- 2 cuillères à soupe d'huile de cuisson
- 3 gousses d'ail, hachées
- 1 oignon, coupé en dés
- 8 bébé maïs frais, tranchés
- 2/3 livre de champignons frais, tranchés
- 1 cuillère à soupe de sauce de poisson organique
- 1 cuillère à soupe de sauce d'huître organique
- 2 cuillères à café de fécule de maïs
- 3 cuillères à soupe d'eau
- 1 piment rouge, coupé
- 1/4 tasse de coriandre fraîche hachée

Préparation:

- Faire chauffer l'huile dans une grande poêle ou un wok à feu moyen; faire cuire l'ail dans l'huile chaude jusqu'à ce que doré, 5 à 7 minutes.
- Ajouter l'oignon et le bébé maïs et cuire jusqu'à ce que l'oignon soit translucide, 5 à 7 minutes.

- Ajouter les champignons au mélange et cuire jusqu'à ce que légèrement ramollis, environ 2 minutes. Versez la sauce de poisson et la sauce aux huîtres dans le mélange et remuer jusqu'à bien incorporer.
- Fouetter la fécule de maïs et l'eau dans un petit bol jusqu'à ce que la fécule de maïs soit dissoute dans l'eau; verser dans le mélange de champignons.
- Cuire et remuer jusqu'à ce que ce soit épais et luisant. Transférer dans un plat de service; garnir avec le piment et la coriandre pour servir.

Faits Nutritionnels:

Calories: 49kcal, Lipides: 0.9g, Glucides: 8.3g, Protéines: 3.4g, Sodium: 448mg

47. salade d'énergie

Description:

Pour un repas rapide et sain, essayez notre recette de salade de poulet et d'orge. L'orge biologique est l'un des meilleurs grains a consommer si votre peau est sujette à des poussées d'acné.

Ingrédients:

- 1 tasse d'orge perle organique
- 2 filets organiques de poitrine de poulet, garnis (250g chacun)
- 1 cuillère à soupe de poivre noir entier
- 1 oignon brun, coupé en deux
- 4 oignons verts, taillés, partie blanche seulement en fines tranches
- 1/2 tasse bandes de poivron rouge rôties
- 75g bébé roquette fraîche
- 2 cuillères à soupe de grains de pin, grillés
- 2 cuillères à soupe de jus de citron (pour l'assaisonnement)
- 2 cuillères à café d'huile d'olive (pour l'assaisonnement)
- 2 cuillères à café de cumin moulu (pour l'assaisonnement)
- 1 cuillère à café de miel (pour l'assaisonnement)

Préparation:

- Placer l'orge dans un bol. Couvrir d'eau chaude. Mettez de côté pendant 30 minutes. Drainer.
- Transférer dans une grande casserole. Ajouter 6 tasses d'eau froide. Porter à ébullition à feu vif. Réduire à feu doux.
- Laisser mijoter pendant 25 à 30 minutes ou jusqu'à tendreté. Rincer sous l'eau froide. Drainer. Transférer dans un grand bol.
- Pendant ce temps, placer le poulet, le poivre et faire revenir l'oignon dans une grande casserole. Ajouter 5 tasses d'eau froide. Couvrir partiellement. Porter à ébullition à feu vif. Réduire à feu doux.
- Laisser mijoter pendant 5 à 7 minutes ou jusqu'à ce que juste cuit. Retirer du feu. Mettez de côté pendant 5 minutes. Retirer le poulet du mélange d'oignon.
- Laisser refroidir légèrement. Jeter le mélange d'oignon. Déchiqueter le poulet.
- Ajouter le poulet à l'orge. Ajouter les noix oignon, poivron, roquette et pignons verts. Assaisonner de poivre.
- Faire la vinaigrette: Verser le jus de citron, l'huile, le cumin et le miel dans un bocal vissable par le haut. Sécuriser le couvercle. Secouez pour mélanger.

- Verser sur le mélange de poulet. Bien mélanger. Servir.

Faits Nutritionnels:

Calories: 397kcal, Lipides: 10,9 g, Glucides: 36,5 g, Protéines: 34.3g, Sodium: 90mg, 81mg Cholestérol:

48. Le temps du Thé de la Princesse

Description:

Votre muffin aux bleuets préféré est-il seulement un dessert? Non, il est plus que cela! Les bleuets sont l'un des plus grands aliments de santé de tous les temps, et ils peuvent être un excellent remède pour l'acné vulgaire.

Ingrédients:

- ¼ tasse de farine de noix de coco
- ⅓ tasse farine de tapioca
- ¼ cuillerée de sel marin non raffiné
- ¾ c du bicarbonate de soude
- 2 cuillères à soupe de sucre brut de palme ou de noix de coco
- 1 cuillère à soupe de miel brut
- ½ tasse de compote de pommes non sucrée
- 4 oeufs
- ¼ tasse d'huile de noix de coco (fondue et refroidie)
- 1 cuillère à café d'extrait de vanille
- 1 tasse de bleuets biologiques

Préparation:

- Préchauffer le four à 375 F.

- Dans un petit bol, mélanger ensemble, la farine de noix de coco, la farine de tapioca, le sel et le bicarbonate de soude et mettre de côté.
- Dans un grand bol, fouetter ensemble les œufs, l'huile de noix de coco, la compote de pommes sans sucre, le sucre de palme ou7 de noix de coco, et l'extrait de vanille.
- Ajouter les ingrédients secs aux ingrédients humides et bien mélanger.
- Ajouter les bleuets sauvages.
- Graisser un moule à muffins avec de l'huile de noix de coco.
- Verser la pâte dans un moule à muffins, en remplissant chaque muffin presque au sommet.
- Cuire au four pendant 23 minutes ou jusqu'à ce qu'ils soient légèrement dorés.

Faits Nutritionnels:

Calories: 206kcal, Lipides: 13g, Glucides: 18,6 g, protéines: 4.9g

AUTRES TITRES PAR LE MEME AUTEUR

70 efficaces Recettes de repas pour prévenir et résoudre les être en surpoids: brûler les graisses rapidement à l'aide d'un régime approprié et Smart Nutrition
Par
Joe Correa CSN

48 Recettes de Repas pour l'élimination de l'acné :
La voie rapide et naturelle pour résoudre les problèmes d'acné en 10 jours ou moins!
Par
Joe Correa CSN

41 Recettes de Repas pour la Prévention de l'Alzheimer: réduire le risque de la maladie d'Alzheimer de façon naturelle!
Par
Joe Correa CSN

70 Recettes de Repas efficaces contre le cancer du sein : la prévention et la lutte contre le cancer du sein avec une nutrition intelligente et des aliments puissants
Par
Joe Correa CSN

www.ingramcontent.com/pod-product-compliance
Lightning Source LLC
Chambersburg PA
CBHW070154080526
44586CB00015B/1990